DISCOURS

Pour engager les Citoyens à demander à l'Assemblée Nationale le prompt renouvellement de la législature,

Prononcé à la Société des Amis de la Constitution de Givet, par M. Cointet, Officier au 53e. Régiment, & Membre de cette Société.

Freres et Concitoyens;

A peine échappés du plus grand des dangers, qu'un plus grand & plus effrayant nous menace. Ah ! qui l'auroit cru que ce qui faisoit l'objet de notre joie & de nos félicitations, que cette arrestation du Roi, qui sembloit devoir délivrer la Patrie d'énormes dangers, seroit, au

A

contraire , la source de nos inquiétudes & de malheurs incalculables : que cette crise qui devoit porter le dernier coup à la révolution , qui devoit donner à la Constitution une assiette ferme & solide , l'ébranleroit , au contraire , dans ses bâses les plus sacrées ; qui l'eût pu prévoir , que le moment qui paroissoit devoir réunir toutes les opinions , & cimenter la fraternité la plus parfaite , seroit l'époque fatale des divisions les plus funestes.

FRERES ET CONCITOYENS , je ne vous rappellerai pas la journée malheureuse du champ de Mars , qui a déja vu couler le sang de nos Freres à Paris ; j'épargnerai à votre sensibilité la douleur de retracer les scenes horribles dont nous ignorons encore les véritables causes , mais où l'égarement , la noire ambition , & l'intrigue la plus infernale , ont eu certainement la plus grande part. Ce qui doit fixer votre attention en ce moment de deuil & de calamité , ce qui doit faire l'objet de vos plus sérieuses réflexions , ce sont les suites funestes de ce sanglant événement. C'est la scission qui sépare aujourd'hui la Société des Amis de la Constitution de Paris ; c'est la calomnie qui poursuit nos plus vertueux , nos plus incorruptibles Députés de l'Assemblée Nationale : ce sont les perſécutions qu'éprouvent les plus intrépides défenſeurs du Peuple & de la Liberté ; c'eſt la coalition extraordinaire & étonnante des Députés qui paroiſſoient les meilleurs patriotes, avec les membres révoltés du côté droit , qui viennent tout récemment de proteſter contre la Conſtitution : c'eſt enfin la ſubverſion ſubite des principes de l'Aſſemblée Nationale , ſon pouvoir effrayant , & le deſpotiſme dont elle nous menace. Voilà , chers CONCITOYENS , les triſtes ſujets de nos craintes & de nos allarmes ; voilà ce qui doit extiter nos ſollici–tudes , & réveiller nos ames engourdies par une confiance trop illimitée dans les travaux d'une aſſemblée qui , juſqu'à ce jour , faiſoit l'objet de notre juſte admiration , & d'une reconnoiſ–ſance ſans bornes.

Mais tel eſt le ſort de la fragilité humaine , qu'une trop grande habitude d'autorité finit par énorgueillir & aveugler l'homme qui en eſt revêtu , & lui faire oublier les plus chers intérêts de ſes commettans , pour ne ſonger qu'à rete–nir un pouvoir qu'il ſent prêt de s'échapper de ſes mains.

Je ne veux pas cependant porter un ſoupçon défavorable ſur des légiſlateurs qui ont tant de droits à notre reconnoiſſance. Je ſuis loin d'at–

ténuer l'eſtime & la juſte confiance qu'ils ont meritées par des travaux immenſes, un courage, un zele, une perſévérance, qui ſembloient au-delà des forces humaines ; mais l'homme eſt fragile & corruptible, & la nature a mis une borne à ſes facultés qu'il ne peut guere franchir ſans riſquer de ſuccomber. C'eſt ce que l'Aſſemblée Nationale a reconnu elle-même en fixant à deux ans le terme d'une légiſlature à l'autre, dans le tems qu'elle avoit à lutter contre le deſpotiſ-me, dans le tems qu'elle avoit à faire triompher la vérité, la juſtice & la liberté, contre les efforts combinés de la tyrannie, du fanatiſme, & de l'ariſtocratie : elle a ſenti que laiſſer le légiſlateur plus long-tems arbitre des intérêts & du bonheur du peuple, c'étoit l'expoſer à la foibleſſe & à la corruption. C'eſt donc d'après ſes propres principes, d'après ſes Décrets, d'après les juſtes allarmes de tous les vrais amis de la liberté, & d'après les circonſtances orageuſes qui nous environnent, que je vous propoſe de faire une pétition à l'Aſſemblée Nationale, où en lui faiſant l'hommage de nos reſpects & de notre juſte admiration, nous lui témoignions nos craintes ſur la perte de notre liberté, & ſur les troubles qui nous menacent ; où nous lui expoſions que le ſeul moyen de prévenir ces troubles & ces malheurs, c'eſt de convoquer au plutôt la nouvelle législature, & de lever, en conséquence, le décret qui suspend l'activité des assemblées électorales. Nous la supplierons en outre de clôre au plutôt une Constitution. qui fait l'espoir & l'amour des François; nous la conjurerons, au nom de la Patrie, de ne s'occuper, pour arriver à cette fin heureuse, que des décrets purement constitutionnels, & sur-tout de celui qui devra consacrer la souveraineté du peuple, c'est-à-dire, le droit imprescriptible qu'il a de réviser, corriger, & même changer sa constitution s'il le trouve conforme à son intérêt, c'est le décret fondamental de la Constitution, & sans lequel une Constitution n'est point une Constitution libre; car il ne faut point oublier que nos Députés ne sont que nos mandataires, nos chargés de procuration pour nous proposer de bonnes loix, & non pas nous forcer de les accepter; sinon ils pourroient indifféremment nous rendre esclaves, nous charger de chaînes, sans que nous eussions le droit de nous en plaindre, ou de rejetter le joug odieux qu'ils auroient l'audace de nous imposer.

Non, CITOYENS, vous sentez trop l'absurdité d'une pareille maxime; elle anéantiroit nos droits, notre liberté & notre souveraineté; elle nous exposeroit perpétuellement à la tyrannie

& à l'ambition de ceux qui feroient chargés de nous faire des loix; d'ailleurs, ce décret que nous invoquons, ils nous le doivent depuis long-tems, ils nous l'ont promis le jour fameux du 4 Février 1790, jour où notre ferment conftitutionnel fut décrété, & où le Roi vint lui-même le prêter folemnellement à l'Affemblée Nationale, & qu'il a depuis fi indignement fauffé & parjuré. Plufieurs membres effrayés des conféquences de ce ferment, refuferent de le prêter, & firent à ce fujet des objections qui furent réfolues à l'inftant par une interprétation que donna le Préfident de l'Affemblée Natio-nale, & qui eft conçue en ces termes :

« Jurer, leur a-t-il dit, de maintenir la Conf-titution de tout fon pouvoir, c'eft jurer d'em-ployer toutes fes facultés pour empêcher qu'aucun individu, aucune cabale ifolée, aucun agent du pouvoir, aucun méchant n'entreprennent de la renverfer, ou d'y porter atteinte; c'eft jurer d'op-pofer la réfiftance à cet égard à toute entreprife & tout vœu quelconque qui ne feroit pas celui de la majorité de la Nation, manifefté par fes Repréfentans légalement élus & légalement affemblés. »

Enfuite il continue,

« Un article de la Conftitution confacrera d'une

maniere poſitive le droit qu'a la Nation en vertu de ſa ſouveraineté, de modifier, de changer même ſa Conſtitution lorſque ſon bien-être & le vœu de la majorité l'exigent. Des formes ſages & paiſibles feront établies pour que ce vœu de la majorité puiſſe être connu, émis & rempli ſans troubles & ſans orages, & pour que les imperfections que l'avenir pourroit mettre au jour dans la Conſtitution des François, ſoient réformées ſans compromettre le ſort de l'état & de la liberté ».

Vous voyez donc, CITOYENS, combien l'Aſſemblée Nationale a reconnu & reſpecté la ſouveraineté du peuple, & le droit qu'il a de revoir, corriger & changer même ſa Conſtitution. Cette vérité qu'elle a reconnu dans ce tems, ne peut avoir changé depuis : cependant, elle n'a point encore ſongé à conſacrer ce principe, ce droit impreſcriptible du peuple par un décret conſtitutionnel. Il faut le lui rappeller dans la pétition que nous lui adreſſerons, & lui obſerver que ſon comité de réviſion n'a pas même le droit de changer ce que le peuple a déja approuvé, que c'eſt à leurs ſucceſſeurs ſeuls qu'appartient ce droit ſur les mandats qui leur feront preſcrits par leurs commettans.

Ces principes, mes chers CONCITOYENS,

A 4

quelque abstraits, quelque politiques qu'ils soient, sont néanmoins assez claires ; & touchent de trop près votre intérêt & votre liberté pour que vous n'en connoissiez pas la vérité. Voilà le langage que doivent tenir des Citoyens libres à leurs législateurs, à leurs mandataires, tel est l'exercice qu'ils peuvent & doivent faire de leur souveraineté, tel est l'esprit dans lequel je vous propose de rédiger cette pétition à l'Assemblée Nationale.

Qu'on ne m'objecte pas que l'Assemblée Nationale a juré ne se séparer, que quand la Constitution seroit achevée. Elle a juré aussi de reconnoître la souveraineté du peuple ; & si le peuple fatigué de sa lenteur, effrayé de ses projets, s'apperçoit qu'elle ne tient pas sa promesse, & qu'au lieu d'achever la constitution, elle s'occupe au contraire des loix de détail qui ne devroient regarder que les législatures ordinaires, alors il doit la presser de finir ; & si elle n'en a plus la force ni le tems, lui faire remettre ce soin glorieux en des mains plus fraîches & plus nerveuses.

D'ailleurs, Citoyens, le refus ou la résistance qu'elle feroit de se rendre au vœu de la Nation, ne feroit que mauvaise volonté de sa part ; elle n'en pourroit au moins donner aucuns motifs valables, puisqu'elle avoit déja combiné

ſes travaux de façon à pouvoir les terminer sûre-
ment au premier Septembre , en portant le
décret qui devoit la faire remplacer pour ce jour
par la nouvelle législature , ſans la criſe affreuſe
qui a failli compromettre le ſalut de l'Etat. Or
les raiſons qui l'ont engagé à ſuſpendre l'effet
de ce décret ne ſubſiſtent plus , & rien ne doit
plus l'empêcher d'accélérer l'achevement d'une
Conſtitution , après lequel les François ſoupi-
rent depuis ſi long-tems.

Je crois , CITOYENS , vous avoir démontré
qu'il eſt de votre intérêt , qu'il eſt de l'intérêt
de la Nation entiere , ſi vous voulez conſerver
vos droits & votre liberté , d'adopter la pétition que je vous propoſe. Déja pluſieurs Com-
munes & Sociétés ont précédé notre vœu, &
tel doit être le propre d'un citoyen libre , qu'il
ne doit conſulter que l'intérêt de ſa Patrie, qu'il
doit émettre librement & énergiquement ſon
vœu toutes les fois qu'il le croit néceſſaire pour
le bien général & le bonheur de ſes concitoyens.
Il doit admirer & louer les décrets qui lui ſont
bons & convenables , il doit les blâmer, en demander la révocation quand c'eſt le contraire ;
mais quand le décret eſt converti en loi, c'eſt-à-
dire, quand il a la ſanction du peuple , il lui doit
un ſaint reſpect & une ſoumiſſion aveugle.

REPRÉSENTANS DES FRANÇAIS,

Nous les Citoyens amis de la Conſtitution de Givet, profondément affligés des ſcenes ſanglantes qui viennent de ſe paſſer ſous vos yeux ; effrayés des cauſes qui les ont occaſionnées, & encore plus des ſuites funeſtes & des perſécutions dont pluſieurs patriotes reconnus viennent d'être les vic-times, venons dépoſer dans le ſein de l'Aſſemblée Nationale nos vives allarmes ſur les troubles & les malheurs affreux que ces événemens avant-cou-reurs ſemblent nous préſager.

Repréſentans des Français, glorieux Fonda-teurs d'une Conſtitution établie ſur les baſes in-altérables de la raiſon & de l'égalité, écoutez les douloureux accens d'une portion de ce peuple qui craint aujourd'hui pour une Liberté dont il a déja trop goûté les délices, pour n'être point allarmé de la plus légere atteinte qu'on voudroit y porter ; ne rejettez point un vœu que nous croyons de la derniere importance de vous émettre dans ces temps d'orage & d'agitation.

Vos lumieres & votre fageffe nous raffurent fur les événemens , & nous avons encore toute confiance en vous : mais vous n'ignorez pas , Légiflateurs juftes & integres, qu'il eft un terme à la gloire , comme à la conftance de l'homme : vous avez marqué les bornes que la nature a pofées à nos forces & à nos vertus , en dé-crétant que le tems d'une légiflature à l'autre ne feroit pas au delà de deux ans. Ces mêmes vertus , ces mêmes talens qui vous ont mérité à fi jufte titre notre admiration & notre con-fiance , feroient capables de jetter la crainte & l'effroi dans l'ame inquiete des Citoyens jaloux de leur Liberté : elles nous effrayeroient avec raifon de l'énorme puiffance dont l'opinion pu-blique vous environne , fi nous n'avions encore plus de confiance en votre immutabilité pour les principes facrés qui font la bafe de votre immortel ouvrage , & fi nous ne comptions en-core plus fur votre refpect pour la volonté na-tionale , pour la fouveraineté du peuple que vous avez fi glorieufement confacrée par la dé-claration des droits de l'homme.

Vous venez de rendre un décret de la plus haute importance; vous vous êtes empreffés de le rendre dans la vue de prévenir des troubles qui vous paroiffoient inévitables en laiffant trop long=temps agiter cette queftion épineufe.

Nous rendons hommage à la pureté de vos intentions : mais les événemens affligeants qui ont été la fuite de ce décret n'ont malheureufement que trop trompé votre attente.

Cette nouvelle a jetté la douleur dans les ames & l'agitation dans les efprits. Chaque Citoyen intéreffé aux circonftances médite , s'occupe, & fonge au moyen d'arrêter le cours défaftreux d'une autorité qui pourroit devenir dangereufe à la fouveraineté du peuple. Nous avons donc penfé que le feul moyen de prévenir les troubles & les diffenfions qui ménacent de déchirer l'Empire , c'eft de reconnoître la volonté générale fans laquelle les décrets ne peuvent être dès loix. Nous vous conjurons donc au nom de la Patrie, au nom de cette Liberté conquife par vos foins généreux & héroïques, de lever au plutôt le décret qui fufpend l'activité des affemblées électorales. De fortes raifons , le falut de la Patrie , vous ont engagé à les fufpendre ; le même falut de la Patrie , de plus fortes raifons encore , doivent vous, déterminer à leur rendre l'activité.

Il vous refte encore une promeffe à remplir : c'eft celle qui doit mettre le fceau à la Conftitution ; cette promeffe eft un article conftitu-

tionnel qui établira des formes fages & paifibles ;
par lefquelles on pourra reconnoître les vœux
de la majorité de la Nation , pour que les
décrets puiffent être corrigés & changés felon
que ce vœu légalement conftaté , l'aura reconnu
pour le bien général.

Vous avez dit que la loi n'eft que l'expreffion
de la volonté générale , vous fentiez la néceffité
de ne pas tarder à établir les formes qui doivent
faire connoître fi en effet tous les décrets font
vraiment conformes aux vœux de la majorité
de la Nation.

Dans la révifion des décrets dont vous vous
occupez , vous retrancherez ou rectifierez fans
doute ceux qui, tels que celui du marc d'argent,
bleffent fi effentiellement l'égalité & les droits
du Citoyen.

Telles font les craintes, & tel eft le vœu
librement exprimé des Citoyens & Amis de la
Conftitution de Givet qui demeureront éternel-
lement pénétrés d'admiration pour vos grands
talens, & vos fublimes vertus; ils vous réiterent
l'engagement de venir au plutôt dans vos foyers
recueillir les fruits de vos immenfes travaux ,
fi vous ne voulez pas ternir une gloire qui doit
paffer à la poftérité.

(14)

Nous répétons le ferment d'être fideles à la
Nation, & à la Loi, & de vivre libres ou
mourir.

Signé MARCHAND Président de la Société
des amis de la Conftitution, DEVERT &
COINTET Secrétaires, Louisend'hal,
Proteau, Dupré, Coufandier, Cre-
vifier, Milot, Squelard, Guiarand,
Bertoniere, Landot, Dubuifon,
Delcour, Fermine, Champenois,
Sælanfon, André Lonnoy, Mongien,
Foyer, Jeune, Choquin, Fournier,
Ramelo, Pâris, Deix, Sabatin,
Rodhaire, Canpette, Cuby, Santré,
Bellegarde, Antoine Tirion, R. D.
Decoux, Henri Cerpette, Odil, Petit,
Bellangé, Bertaux, J. B. Danfoigne,
Leguinon, Poivre, Sanschagrin,
Rouch, Balin, Millet fils, Defrance
Ponillon, Ponard, Pillere, Nochand,
Rougemont, Dufer, Geng, Leret,
Campenaire, Meinzveig, Marteau,
Chopin, Kempflet, Schenermonni,
Sitter, Rouffelle fils, Denoye, Cha-
poulard, Thuriaux, Dumonceau,
Vigoureux, Caffade, Cardon, Fefler,
Delecolle, N. Erner, marque † de
Blanchaf, pour ne favoir écrire.

Raffron , Lebrin Gendarme , Wit-
tyager , marque † de Ldegu , pour
ne favoir écrire , Treaut, Verneret ,
Lacour, P. Roux , J. Dubois, Jacques
Fermine , H. Perot, Dandar , Ceguint,
Bt. Fermine , Boilau , J. B. Millet ,
Jacques Lafont , B. Rouffaux , Bar-
thelemy , Michel , Paliffes, Lavergne ,
Caffagnol, Lamoureux , Sette Caporal,
Petremaut, Defmars , Lafont, Butti ,
Bouhierdelville , Campenaire fils ;
Cefnoux fils ainé , Remacle fils , L.
Pierron , Gille Rouffe , Pauluft ,
Pirrecron , Henry Renard, J. Rard ,
Philippe Campenair , Joire , Nime,
Latache, St. Loui, Quentin, Belmar,
Demougin, Mar , Pichard , Bar , La-
battu, Macan, Vive l'amour Caporal,
Defmarets, Krep , Senutter , Mager,
Freytay , Chriftmanne , Canoing ,
Batonigne , Faucher , L'efpérance,
Artard , Dubois, Eftachon, Morand,
Briquelet, Defcaguel , Jacques Dan-
foigne.

A Charleville. De l'Imprimerie de RAUCOURT.